저 파랑을 너에게 줄 것이다

김윤숙 시집

가히 시인선 005

저 파랑을 너에게 줄 것이다

김윤숙 시집

가히

시인의 말

네가 어디에 있었는지
아직도 모르겠다.

다만 먼바다 그 너머의 빛을 볼 때마다
눈이 부셨다.

저 파랑을 넘고 싶었던 적이
있었다.

2024년 7월
김윤숙

차례

시인의 말

제1부

발견…13

조용한 바다…14

그럼에도 불구하고…15

겨울 두물머리…16

숲의 문장…17

아마릴리스…18

사막의 별…19

자기 앞의 생…20

당신이 걸어온 길…21

삶의 한 방식…22

너의 이해…23

용서…24

양피지 노트…25

고흐의 슬픔…26

제2부

안과 밖 … 29

고비에서 … 30

별똥별 하나 … 31

협죽도 … 32

이상한 독서 … 33

장무상망 長毋相忘 … 34

출륙금지령 … 35

빛 그림자 해변 … 36

다시 걷는 바다 … 37

베릿내 … 38

추정 … 39

초희 楚姬 … 40

혼자 가는 숲 … 41

단란한 가족 … 42

바위떡풀 … 43

덖음차 … 44

제3부

파노라마 … 47

새의 전설 … 48

여정 … 49

나의 설산 … 50

진지동굴 … 51

윤사월 … 52

공원 벤치 … 53

기묘한 동거 … 54

이끼 … 55

그리운 산지 … 56

빨래 널린 집 … 57

수크렁 … 58

붉은 벽, 능소화 … 59

매일의 인사 … 60

그때 빨간 사과는 … 61

오래된 방 … 62

제4부

등대로 오다 … 65

삼릉숲 … 66

누구신가 … 67

표해록 漂海錄 … 68

동백민박 … 70

그 꽃의 안부 … 71

화성, 어디쯤에 이르러 … 72

반가사유상 … 73

작은 신 … 74

마중 … 75

울음의 진원 … 76

가파도 뚜껑별꽃 … 77

2월 … 78

멀구슬나무의 각주 … 79

시시한 영화 … 80

제5부

바람까마귀 … 83

타인의 일상 … 84

아무도 이별을 원치 않았다 … 85

바람의 날 … 86

카라꽃 … 87

물수제비 … 88

동백이라는 물음 … 89

통영의 비 … 90

칠월의 노래 … 92

아지트 … 93

채식주의자 … 94

동행 … 95

진위 … 96

우포늪 … 97

목차에 빠진 저녁 … 98

해설 시와 풍경에 관한 네 가지 이야기 … 99
  신상조(문학평론가)

제1부

발견

내 안의 빈 틈새 다시 그린 밑그림

첫새벽 잎새 하나 칠하고 덧칠했다

바다가 삐져나오나 눈곱이 자꾸 낀다

조용한 바다*

심연을 흔드는 코발트 빛 바다 앞에
한순간 휩쓸리듯 일어서는 뭉게구름

폭풍은 내 안의 바다
배 주위가 고요하네

가만히 돌이키면 무모한 날들 흘러
힘겨워 다 내려놓은 수상한 돛마저

여행지 기억을 새기며
파고드는 모래펄

어서 돌아오라, 간설한 손짓에도
대양을 향한 열망 쓰러진 돛을 세워

또 한 척 파랑 속으로
섬을 끌며 나아가네

―――――
*사실주의 화가 쿠르베 그림.

그럼에도 불구하고

입항도 항해도 꼼짝없이 갇혀서

쇄빙선 따른다는 동토의 당신 바다

언 마음

여기도 북극

나를 질러오시라

봄!

겨울 두물머리

사람이 사람을 만나 하나의 길이 되듯

물이 물을 만나 이별을 지워 나가듯

우리는 어디쯤에서 얼린 발이 풀릴까

남에서 북에서 서로 만나 사무칠

한 가닥 실금 사이 굽이치던 물살의 흔적

자물쇠 꽁꽁 잠근 강, 메아리를 듣는지

바닥 차고 오르는 철새들의 비상에

언 강에 번져오는 푸름의 산 그림자

귓바퀴 쩌렁쩌렁한 결심을 다시 쓴다

숲의 문장

수직의 은유로 빛을 내는 자작나무 숲

펼쳐놓은 페이지마다 어찌 뜻을 헤아릴까

바람길 파고들어도 해독되지 않는다

흰 뼈 갈고 갈아 써 내려간 고전의 문장

천 개의 햇살 타고 내게 닿은 당부 같아

겹겹이 퇴고의 흔적 가만 손을 대본다

아마릴리스
— 프리다 칼로

지붕 위로 선뜻 올라 붉게 핀 까닭은

공중의 길 닦아서 몸 눕혀 걷는 일

수없이 부르짖었던 그대 혁명 그대 사랑

서늘한 두 손바닥 핏덩이를 감싸며

철심으로 꾹꾹 찔러 너를 그린 자화상

심장을 나눠 가진다, 의지의 저 분신들

사막의 별

온몸이 다트 되어 내리꽂던 별빛들

허르헉*에 체한 듯 아직도 삭지 않아

위벽을 타고 오른다 쓴물 같은 풀 냄새

---

*몽골의 전통 육류 찜 요리.

자기 앞의 생

사막의 모래 능선

정상을

감히 넘봐

산등성
허리쯤에서
단숨에 미끄러지는

고배를
먼저 마신다

모호해진 생의 좌표

당신이 걸어온 길

산 절벽 쓸쓸함에 길은 높고 허공 깊다

청무밭 짙푸름이 때로는 성난 바다

섬에서 섬의 서편으로 자꾸만 떠밀린다

금잔옥대 스민 묵향 자욱이 번지는

직립의 날들 앞에 오롯이 지샌 밤은

탱자 울 배긴 등허리 차마 삭혀 들었을까

등고선 멀리 돌아 다시 와 만나는

바윗돌에 새긴 품성 편히 쉬어가시라

유배지 세한歲寒의 날들, 발걸음이 온유하다

삶의 한 방식

정직만이 삶의 방식 그리 쉽지 않았으리

한 소절 마디마디 결구를 다지며

텅 빈 속 채우려 했던 엇나가는 곁가지

수런수런 댓잎 소리 바람의 말 흘리나

반짝이는 그림자 둘 곳 없는 남루에

한뎃잠 깊이 내리니 뿌리마저 허공이네

너의 이해

돗바늘 탱자 가시 한순간 찔린 손등

혹독히 파고들어 농이 차 뭉크러져도

그 누가 알아차릴까 이해했던 단 하나

덧난 가지 싹둑 자른 냉정한 오후도

가시는 눈물 같고 어쩌면 온순해져

서로가 맞닿은 자리 비켜 앉던 그 잠시

새순마저 초록으로 땡볕 여름 견디며

저를 눌러 넓힌 자리 그늘이 되는데

난 그저 지나쳐온 날, 불쑥 솟는 가시였네

용서

그 누가 먼저 거두는 가을볕 수확인가

남천나무 붉은 잎새 거미줄에 걸려든

흰나비 차마 꽃인 줄, 오롯이 박제된 사랑

양피지 노트

죽음을 쌓아 올린 트럭 짐칸 밑으로
치렁치렁 매달린 날짐승 울음소리
그림자 사라질 때까지
뒤따르던 그 여름

닳도록 치대어 거듭나는 이력마다
한 글자도 못 쓰고
펼쳐둔 양피지 노트
구르는 돌멩이 같은, 문장도 사치여서

별을 향한 유목의 날
수없이 베껴 쓰며
비루해진 발자국 고이 품는 게르의 밤
양 떼들 숨을 고른다
백야가 또 온다

고흐의 슬픔

별빛이 밀려드는 방
온기에 젖은 마음

천국에서 왔을까요

은인처럼
핏줄처럼

무릎을
펴게 하시는

시리도록
붉은 종교

제2부

안과 밖

싹사울 나무 아래 길게 누운 죽음 하나

이 세상 어떤 것이 그보다 더 적막한가

영혼의 말발굽 소리 정수리에 와 꽂힌다

고비에서

광활한 대지는 어딜 가도 제자리 같아

망망대해 떠밀리며 나 홀로 표류 중이다

간신히 무릎 세우면 이내 다시 패대기치는

섬과 섬이 짐승이 허공으로 흘러가고

짓이겨진 말발굽 자국마저 감쪽같아

텅 빈 몸 바람을 품어 헛배가 불러왔다

노래를 들을 수 없는 건 후생의 기약일까

그림자 따라나선 길 모래사막 뿌리내릴

손발톱 뭉개지도록 후벼 팔 나의 시詩여!

별똥별 하나

어둠이 저를 낮춰
남은 숨 몰아쉴 때

신성의 입구부터
빛나던 낙타가시풀

우리는 외길 위에서 어디에 있었던 걸까

유목의 저 파랑을 너에게 줄 것이다

답신 같은
전언 같은
그 음성 들었는지

순식간 감전된 하늘
귀울음 저릿하다

협죽도

치명적 맹독이라,
등 돌리던 쓸쓸함에

공항로 베어내던 그 오랜 기억에도

솟구쳐 다시 솟는 잎,
붉은 꽃 피워낸다

베두리공원 받든 여름
수행의 그림자에

차오르는 홍조에도
어림곳 하시 않는

치사량,
가까이 마라

꽃 앞에 중독되다

이상한 독서

초원이란 책을 펴면 사막이 따라온다

바람결 흘러들어 길 잃은 두 마리 양

지난밤 차려진 성찬, 증표처럼 떠돌고

그리운 올레 끝집 치달아 들어서면

살코기 발라주시는 할머니 옹이 진 손

품앗이 시끌벅적 마당엔 돗추렴 붉은 얼굴들

입안에 고인 단맛 삼키지도 뱉지도 못해

그 자리 틀어 앉아 펼쳐 드는 페이지마다

사막을 다시 읽는다, 함께 나선 어린 양들

장무상망 長毋相忘

바위는 바위끼리 나무는 나무끼리

겹겹이 단을 쌓아 휘는 바람 붙들었다

먼 해역 밀려드는 파도, 닿지 않는 소식에

때로는 쓸쓸함이 등살처럼 돋아나고

머뭇대던 의중에 때 이른 수선의 향기

마스크 한 겹 가려도 심중으로 스미던

단산 기러 놓는 길음, 한 획 길게 내리며

붓끝에 얹힌 너에게 간절함을 전하는

첫 마음 그대로겠지, 산그늘에 스미다

출륙금지령

칠흑의 바다 위로 그림자 짙어진다

살길 찾아 나선 뱃길은 안전했을까 금줄 같은 수평선 제주 사람 발 묶어둔 감옥 같은 이백여 년 천형의 생을 더해, 군마 전복 해삼 감자 당금귤 한 알에도 매겨지던 세금폭탄, 수탈의 죄를 물어 바람은 쉬지 않고 그토록 몰아쳤을까 읽고 또 읽어보는 내 안의 바람처럼 저 바다 잠시 떠나도 등줄기 시려오는 붙박이 내 습성도 근본을 알 것 같아 물질로 버틴 세상 어머니 둥근 힘으로 언제나 그 자리 저리 환히 밝히시니

이제 막 당도한 봄이 한 척 배를 끌고 온다

빛 그림자 해변

일출봉 내 이마 위 한발 떼면 더 멀어져
목젖까지 차오른 숨 이제 차마 뱉었을까

터진목 길 터주는 바다
죽어서 오는 사람들

물새의 발자국 따라 위로처럼 걷는 해변
하얗게 이는 파도 바람의 말 쏟아낸다

그 누굴 만나시려고
여기 다시 오시는지

다시 걷는 바다

언덕배기 억새 사이 수평선이 가깝다
눈부신 윤슬 위로 펼쳐놓은 캔버스
빠르게 흘려보낸 날 밑그림은 다졌을까

날마다 몸 바꾸는 바다 이력 그렇거니와
기일과 생일 뒤섞여 사는 일 전부였던
사계절 곧추세우려 붙잡아둔 마음의 축

노동으로 당도하는 해역 만리 파도에
뭉개진 젖은 발가락 포근히 감싸오는
화순리 자갈 같은 말 억세게 다시 핀다

베릿내

폭포 소리 끌어안고
나를 벼랑에 세우네

아득히 발끝 아래
거슬러 온 날이여

끝까지 맞서 걷는
쟁쟁한 저 물소리

계곡 어디쯤에서
수굿이 잦아들어

성천봉 하늘 자락
물빛 건져 올리면

때맞춰 내리는 별들
고이 받드네
젖은 두 손에

추정

뱃멀미 추자도는

가을 깊어 취한 듯

머리부터 발끝까지 달라붙는 액젓 냄새

품에 밴 어머니 체취, 걸러 담은 염분 같아

순순히 은빛 생애

온전한 독립은 없어

물맛도 밥맛도 한 모금 믹스커피도

한데 다 스며들라는 말씀

여기에 와 다시 듣네

초희 楚姬

산정호수 물빛에 얼비치는 그림자

조선의 탑 허물던 그이가 예 있는지

바람에 실리는 파랑 파도 소리 헛듣네

사라오름 한라돌쩌귀 땀에 젖는 초가을

발에 채는 잡풀 더미 마음 앞서 오른 건

한 자락 쳐올린 파도 받아 내린 문장들

에돌이 에들아가 남김없이 펼쳐놓은

나침반 사람의 자리 눈부셔 글썽이는

홍단풍 오래 번지네 당신의 길이었네

혼자 가는 숲

하늘에 먹지를 대고 별들을 그러모아

수국수국 마흐니 밝힌 용암 길 이슥히

매일 밤 독학자처럼 나를 세워 걷고 또 걷는

단란한 가족

언덕배기 산책길 〈양산을 든 여인〉*

햇볕 고이 받든 뜨거운 한낮이다

몰려온 솜털구름 위

휘날리는 바람 한 점

저 푸른 광휘는 초록을 짓이기며

다시 오지 않을 한순간을 기록해

이 떨림, 다시 올까요

당신과 아이,

우리예요!

---

* 모네 그림 제목.

바위떡풀

떡 하나 오롯 주면 바위를 내어주랴

골짜기 숲 절벽 틈새 공중에 핀 야생초

한동안 외롭지 않다, 둘이 서로 받들어

덖음차

새파란 청춘 그 어디 등 비빌 데 있었나

접히고 꺾인 이파리 제 몸에 입힌 상처

아홉 번 넘어지고야 수굿이 저를 놓아

노스님 손바닥에 배어든 찻잎 하나

삭정이 뾰족한, 내게도 물이 들어

땀내도 풀 비린내도 참으로 잘 덖어낸 시절

제3부

파노라마

어제 한 약속이 새까맣게 지워졌을까
숲 기슭 가을볕에 끌려 나온 누룩뱀
논오름 곶자왈 위로 빙빙 돌던 제주 참매

야생의 눈빛에도 때로는 어긋나서
빗살무늬 활엽수림 불사르는 가을 앞에
자욱이 취하던 연기 자꾸 발을 헛디뎌

등성이 떠밀려온 배, 끌어당기는 바다와
뇌 속을 텅, 텅 헤집어 인화되는 생각마저
통로를 겨우 벗어난 바로 그때 누가 툭, 친다

새의 전설

한 생의 깃을 세워 저 하늘 받들었을까

폭풍을 맞받아쳐 하얗게 솟구친다

수평선 그 누가 여나 시퍼렇게 부릅뜬 눈

처소기암 둥지 속 간절한 소망 하나

더 이상 물러서지 않을 벼랑 위 정지비행

가만히 귀 기울이니 공회전 저 날갯짓

여정

자미원 철로 변의 쌓아 올린 폐침목

서로가 기대앉아 밀쳐내는 무게에도

나란히 뒤돌아보며 이내 또 낯선 여행

마찰음 짓눌린 어깨 슬며시 받쳐주며

함께 앉은 눈높이 서로 다른 창밖 풍경

일탈을 여태 꿈꾸어 발바닥이 들리는지

터널 뒤 다시 터널 삶의 터널 지나며,

뙤약볕에 먹먹해진 산중의 바닷물 속

당신의 숨비소리가 가슴을 쾅쾅 친다

나의 설산

하얗게 눈 내리면
쩌렁쩌렁한 말씀

내처 흘린 쌀 한 톨도 조냥 하라 하시며
할머닌 놋쇠통대를 가마니에 푹 찔렀다

밤새 내린 눈처럼 일용함에 소복 담겨
저울추 눈금대로 담겨진 포대 자루
한차례 들썩인 마당 파장 끝의 기대도

둘러앉은 밥상머리엔 별반 없이 보리밥
공덕동산 오르내려 치성으로 받들던

쌀집은 먼 산의 풍요
설산으로 오셨다

진지동굴

산동백 처연히
붉은 울음 물고 오는데

연둣빛 햇살은
아기 웃음만 같아라

동굴 밖 매번 오는 봄
저 울음이 보시다

그마저 오를 수도
납작 엎드리지도 못한

총구 앞 서늘한 경계
멈칫 물러서 돋는 소름

바닥을 뒹구는 꽃들,
어느 굴로 숨어드나

윤사월

한파의 긴 겨울도 베란다에서 건딘 난분
이른 봄 폭설에 홀려 까마득히 잊히고
삽시에 얼려버린 잎
촛농 맺힌 후회 같아

아버지 기일 벌초에 성심이던 형제들도
삭은 관 틈새에 뵌 모습엔 울컥 눈물이던
두고 간 생의 편린들, 꼭 끌어안으려 했는지

무덤 결 등심붓꽃 만발하던 윤사월 이장
볕 좋은 날 택일엔 부디 편안하시라
선친 땅 가시나물 품
떼를 입혀 올리는 설

공원 벤치

얼마나 많은 시어가
스쳐 지나쳤을까

어제 앉은 그 자리
오늘 다시 읽는다

날마다
내가 낯설다

훌훌 흩어져간 이름들

기묘한 동거

창 하나 사이에 두고
참 묘한 가을 왔다

향나무 그늘 아래
납작납작 엎드린 아침

몇 달째 느린 그림자
내 영역을 살핀다

인기척에 귀 쫑긋
기웃 들어 올린 발

슬며시 또 제기리
침범하지 않는 시간

참 묘한 가을이 왔다
부디 떠나지 마라

이끼

영월 가는 기차는 터널에 자주 갇혀

훤히 비친 그림자 뉘신지 멀어진다

산골 역 그냥 지나쳐 확 끼치던 물비린내

몇 번의 정차와 몇 번의 흔들림에

어느새 바로 앞에 마주하던 청령포

한 발짝 물러서는데 기어이 잡아끌던

그리운 산지

동문통 동네 한 바퀴 유목의 놀이시간
산지다리 빨래터 아이들이 몰려오고
찌든 때 옷소매마다 솟는 물 서로 닦았지

제일 높은 천기당 매일매일의 처방전은
백엽상 저 바다 앞 성심으로 맑아서
초저녁 개밥바라기별 올 때까지 보는 일

만장 높이 물결치던 내 할머니 상여도
샘솟는 물웅덩이에 자꾸만 쏠려 들어
모퉁이 젖은 그림자 일렁이던 푸른 어깨

빨래 널린 집

1.
널린 빨래 보면
세상 참 가벼워진다

삼각 지붕 그 아래
에곤 실레의 사람들

나란히 서로가 기대
축 처진 어깨를 견딘다

2.
그림자 길게 누운
흙먼지 너른 마당

시래기 시들듯
빨래도 시들어간다

긴 골목 돌아 나오면
팽팽해진 수평선

수크렁

얼룩진 그림 꺼내
덧칠을 다시 한다

한여름 소낙비에
흔적 없이 지워졌다

지워져 마른자리에
떼로 피는 수크렁

그냥 갈까 머뭇대던
백약이 거친 손등

선핏 스처 메네한
낱알 같은 눈물이

저 속내 미처 몰랐다
환히 비워둔 자리

붉은 벽, 능소화

울타리 그쯤이야 넘는 게 다 아니라며

창가의 대범한 너 하늘 곁에 서겠다고

지붕 위 기어이 올라, 눈물 쏙 뺀 초가을

매일의 인사

정겨운 듯 쓸쓸한 말 입에 달고 살던 때

길에서 마주쳐도 늘상 하는 말 '밥 먹어수까'

그 안부 물어오던 시절 까마득히 잊힌다

지붕 뚫어 본 듯이 등줄기 깡마르고

이웃의 끼니 걱정은 오래오래 견디라는

강건히 놓지 못하는 노동으로 굳은 손길

그때 빨간 사과는

엄살처럼 고집처럼
고개 돌려 누운 밤

동생하고 어머닌
사과 한입 베어 물고

이 세상 나를 잊은 듯
과즙 향에 속이 타던

같이 먹자 깨우길
한참을 기다려도

그럴 기색 전혀 없어
동굴 같은 이불 속

눈물과 낙과의 타점
그렁그렁 맺혔지

오래된 방

반쯤 열린 문 안으로 살며시 들어서면

공중 벽 걸려 있는 갖가지 농기구들

쉽사리 지워지지 않는 마른 흙냄새 익숙히

자전거 페달 드럼통, 말안장 뒹구는 편자

사진 속 할아버지 유품도 그저 놀이하기 좋은

창 틈새 들이치는 햇살, 언덕배기 이르러

들딤 밭가 밀쳐둔 젖 냄새 아기구덕엔

떼쓰던 착한둥이 스르륵 잠긴 눈꺼풀

헛간을 이내 나섰는지 밥때도 다 잊는다

제4부

등대로 오다

누구를 보냈는가
무엇을 밝히던가

금채기 해녀들을 다 가둔 당신의 바다
산지천 거슬러 와서 새별꽃을 피우네

사라별도 벼랑 위를 뛰어내린 파도에
늦도록 꿈꾸었던 미완의 탈출마저

풍랑에 풍랑을 더해
끝끝내 묶어놓아

갈퀴손 쟁기로 수평선을 걷어내도
아무도 못 보내며 못 들어서는 섬이여

떠나라,
당장 떠나라
다시 불을 밝히네

삼릉숲

우뚝 솟아 올라야만 바른길 아니라며
금동신라 무게를 나무는 짊어졌을까
등 굽혀 받들어 올린 능의 숨결 뜨겁다

비스듬히 한데 기울인, 천년의 바람 소리
푸른빛 감아 도는 숨바꼭질 그 아이
송진내 맡은 봄볕이 술래를 꼭 붙든다

함께 걷던 할머니 순식간 사라졌다
바라밀다 암송하시던 언덕에 이르셨나
손때로 얼룩진 염주 내 마음의 부처들

누구신가

길을 놓친 봄날은

절벽의
목숨 같아

안개비
휘파람새 소리

지레 겁먹은 아이

산벚꽃
젖은 꽃잎에

어른대는
저 그림자

표해록漂海錄

화랑포 절벽 위로 몰아치던 칼바람

난파선 바위에 얹혀, 폭풍을 벗어나던

목숨줄, 칠흑의 어둠 속 푸르게 잡아매 준

1770년 제주 포구 한양 뱃길 장한철

섬에서 섬 갇힌 몸이, 돌려놓은 관문에

해양 길 다시 쓰는 일지, 혈육으로 맺은 이

몇 생을 다시 살아 펼쳐질 세상 앞에

사내의 굳은 맹세 끌어안은 순정은

제주 섬 그 한가운데 너를 들어 올리는

철해 놓은 날마다 풍향계 휘어 틀어

멈추지 않는 집념에 돛을 올린 그날 같아

표해록 펄떡이는 파도, 휩쓸려 다 젖는 몸

동백민박

거품 물고 돌아온다

갈기 세운 애월 바다

자진몰이
휘몰이장단

목이 쉰
동굴 속으로

파도에 휩쓸리는 잠

편도엽 붉게 피네

그 꽃의 안부

무엇이 끌어당겨 성벽 터에 이르나

등줄기 땀 식히는 산바람 불어 젖혀

기어코 밀고 들어와 자리 잡은 망초꽃

용장산성 길 위에 끝끝내 버티던 항전

물러설 이유 없었던 내 나라를 받들어

아무도 파헤치지 못할, 뿌리들의 그 노래

뼛속 깊이 저항했던 왕온王溫의 무덤 앞에

언제 도열했는지 삼별초 깃발 날린다

하얗게 일어서는 이 심장으로 들이친다

화성, 어디쯤에 이르러

어느 하늘 아래 그림자 깊어지나

벽과 벽 사이 천 길 벼랑 갈라놓았던

빈 틈새 알아챘을까, 두려움 깊었을까

파란만장 나부끼는 아비의 길을 밝혀

행궁의 길 이르러 뜨거운 맨발이거나

흙바닥 낮게 엎드린 백성의 마음이거나

품에 든 아들로 하루여도 오죽 좋았을

간절히 부르는 노래 온 세상이 받들어

그 이름 성군이라 답하는 초록 숲 그늘 짙다

반가사유상

텅 비어 흐르는 몸

어디쯤에 임하시나

그윽이 바라보는 무한 우주 티끌 하나

입가에 맴도는 미소

사람이라, 사랑이라

작은 신

운동화는 넉넉히 너를 향한 발걸음에
어찌해 빛나는 길, 되레 멀리한 구두는
가만히 돌이켜보니 티끌만 한 흉터였다
외삼촌 육지 선물, 볼이 좁아 욱여 신다
발가락 곪은 줄도 모르고 며칠째
기쁨도 벌겋게 그만, 벗어 든 처음 구두
애석히 놓지 못해 뒤뚱이는 마음이
자꾸만 들었다 놨다, 선반에 올려놓고
아무리, 봐도 한 뼘 발 또 그렇게 작은 신

마중

바람이 때리고 간 얼굴도 얼굴이지만

부르튼 손 감추려 수세미로 문질러

벌겋게 오르던 핏발 허리춤에 감추고

얼었다가 녹았다가 막 틔운 어린잎에

이제 그만 돌아서려 추적대는 싸라기눈

벗을까 더 껴입은 옷 매번 망설이는 나

울음의 진원

그 속울음 이러할까 용솟음치는 울돌목

군주마저 시기한 덕목은 무엇일까

판옥선 매어둔 칼이 울음을 가른다

뭇사람들 안위에 오직 볼모로 나선

살고자 했을까, 나를 향한 믿음에도

온전히 딛고 선 바다 엄습하던 한 가닥

북소리 아득히 열두 척 배의 승전도

'기억을 지운다' 휩쓸려 가버린다

뒷모습 힘을 보태도 저 시름 이슥 깊다

가파도 뚜껑별꽃

바람과 하늘과 무슨 모의하는지

그리움 포개어 납작해진 당신은

해안가 내리는 별들 조각조각 품었네

2월

오래 살아 미안하다 자꾸만 뱉는 말에
눈 녹는 한라산자락 골짜기 살짝 열어
그 마음 잘 안다는 듯 입김 불어 올리시네

지독하지 않고서야 향기로 어찌 맺나
저린 발뒤꿈치가 걸음마다 갈라져
헤아려 딛지 못해서 줄어든 그림자여

꼭꼭 씹어 드시라 연신 권해 드리면
앞접시 올려놓은 찬 내게로 또 옮겨와
한술도 버거우신지 자꾸 더는 숟가락

멀구슬나무의 각주

꽃과 잎 열매마저, 다 떨치고도 부족했을까

수족 같은 곁가지들 곤두박질 바닥으로

오래전 그늘 자리를 들추어내 각인한다

긴 겨울 뉘일 바람 어느 모퉁이 돌아와

주저앉던 허술한 변명, 툭 치는 이 아침녘

빗자루 쓸리지 않아, 맨손 가득 주워 들다

시시한 영화

치솟는 연기에 어둑한 화면으로

맘껏 부푼 마음이 별안간 수그러들기 시작했다 허물어진 밭돌담 하늘로 치솟는 검은 연기, 무장한 순경과 밧줄 꽁꽁 묶인 사람들이 어디론가 끌려가고, 폭도, 폭도다! 외치는 쟁쟁한 소리 자꾸 끊기는 얼룩지던 화면, 땅을 치며 울부짖는 흰옷의 어머니, 웅성이는 사람들 틈 핏빛 얼굴들 무엇인지 모를 저 슬픔에 자꾸 눈가로 손이 올라가고, 남문통 교회 강당 공짜로 본 영화는 재미있는 장면은 끝까지 안 나와서, 우르르 소문 듣고 몰려갔던 저녁나절, 한껏 들떴던 우리들을 꾹 눌렀다 터벅터벅 집으로 가면서도 두려움인지 서로가 눈치만 보던 아이들의 그 밤길, 반공영화는 시시하다고 부연 연기 속에 숨 막히던 답답힘을 훌훌 털어내었지

영화는 재미있다는 말, 오래도록 안 믿었지

제5부

바람까마귀

새들도 피치 못할 일이 있어 떠나왔을까
전깃줄 빼곡히 검정빛의 저 행렬

분쟁 속 내몰리는 사람들 그 누가 난민인가

헤어질 염두에, 생명을 담보로 한
팔뚝에 이름 새긴 가자지구 아이들

저 눈빛 차마 보고 만,
슬픔마저도 사치다

먹빛의 하늘 아래 실시간 방영되는
손 놓친 핏빛 맨발 어디로 가야 하나

공포탄, 날갯짓 새들 일제히 날아오른다

타인의 일상

뜻밖의 지인 소식 불러들인 카톡창

꼬리 물고 이어지는 삼가 조의 문장들

안과 밖 경계를 가르는, 세상의 절벽 앞에

저 홀로 앓던 지병 꼭꼭 숨긴 쓸쓸이

유정하지 못한 우리, 무정을 후회하며

그래도 '밥은 먹어야 해' 힘을 싣는 먼 장래

아무도 이별을 원치 않았다

언덕배기 차도 옆 잠깐 스친 검정 개

몇 시간 지난 후에도 여전히 그 자리다

신호등 순간 바뀌어 차바퀴로 뛰어든다

기억해 낸 무언가 살 비비던 냄새일까

위험도 불사하고 쿵쿵대던 그 시절

까맣게 젖은 눈동자, 절레절레 아니라는

바람의 날

무엇 찾아 오르나 한 무리의 누 떼처럼

사람 틈새 비집어 톡톡 쏘는 투구꽃에

노꼬메 바람의 언덕 거슬러 올라선 백두산

하늘 위에 천지 천지 위에 하늘 연못

새파란 신앙으로 끄덕 않던 저 물빛

간절히 모은 두 손에 꿈틀 흐려지던 낯빛이다

어느 길 이느 방향 내 영토 딛고서도

한 뼘의 바람 길목 잠깐 놓친 시공의

묵언의 속내를 알아, 그 말씀에 귀를 열다

카라꽃

마지막 남아 있는
한 장의 백지 같은

둘둘 말아 전하지 못한
날 세운 나의 안부

그렇게 떠나도 좋다
없는 말을 또 써야 할까

물수제비

눈 깜짝할 사이

휙 스치고 지났다

무엇이었을까

심중으로 홀연히 가라앉아

시치미 뚝 떼는 오후다,

어느새 박혀 들다

동백이라는 물음

등 떠밀려 뛰어내리는 서러운 절벽 아래

동백을 다시 동백으로 건사한 이 땅에서

도무지 다시 살아낼 움켜쥔 붉은 손에

통영의 비

1
차르륵
차르륵
철갑을 두른 파도

한산섬 바위 곁
뒷모습 그림자에

빗줄기
당신의 바다
몰려가고 몰려온다

2
우체국 계단에서
옛 시인을 만났다

오늘은 비, 바람 분다
찢어진 우산 함께 써서

행복은 틈새로 흘러
젖는 줄도 모른다

칠월의 노래

연두에서 초록으로 사다리를 놓는다

감나무 성근 잎에 치성이던 어머니

시인의 다녀간 듯이 릴케를 읽는 정오

투박한 손길에도 장미는 피어나고

갈옷의 떫음도 살갗에 익숙해져

참 질긴 한세상 건너, 여기 다시 오시네

아지트

이월 숲이 수상하다 오소소 소름 돋듯 발목 아래 훤히 돋아 눈을 뜨는 불씨들 어느새 정처가 되어 떼로 피는 복수초

채식주의자

내 안의 짐승을 길들이기 연연함에

남은 생 봄과 이슬, 풀잎 상처 더하여

새김질 초식의 향기 그 또한 짐승이 되리

동행

함께라는 너의 말
애써 외면했는데

기어코 눌러앉아
가을 귀를 얹히네

쯔쯔쯔 풀벌레 소리
빈집에 들어찼네

진위

스치듯 만남에도 궁금한 이유 있어

고향이 어디예요, 이곳 사람 안 같아요

한참 후 촌스럽다는 말뜻,
'내 마음의 낯섦'이다

벼린 풀 다 눕도록 베인 손도 아물어

쭉정이 바싹 마른, 숨겨둔 마음 언덕에

섬 억새 가을볕 들녘
그림처럼 들여놓다

우포늪

새벽은 안개 속에 무엇을 숨겨두었는지

자꾸만 헛짚는 희미한 늪의 그림자

기꺼이 내어주는 등 불쑥 업히고 말아

젖은 땀내 익숙히 걷어내는 물안개

젊은 날의 어머니 창포물 게운 입덧에

저 홉반 끌려 들어가 뜨거운 중심이다

물풀의 일렁임 같은 아이들의 발바닥

비로소 보이는 세상의 꿈틀거림에

암호를 풀어헤치는, 오래된 그녀의 속곳

목차에 빠진 저녁

버리기 아까워서 붙여둔 시가 있다

작은 방 열 살 벽에 단물 빠진 껌처럼

까맣게 얼룩지도록,

질근질근 잇몸에 낀

해설

시와 풍경에 관한 네 가지 이야기

신상조(문학평론가)

1.

〈The destroyed room〉은 캐나다 사진작가 제프 월Jeff Wall의 최초이자 가장 상징적인 작품 중 하나로 알려져 있다. 5×8피트 크기의 작품 속 배경은 침실이다. 일반적으로 침실은 친밀한 이미지를 주는 공간이다. 하지만 사진 속 침실은 부서지고 황폐한 모습의 파괴된 형태를 보여준다. 서랍장의 옷은 쏟아져 나오고, 침대는 매트리스가 잘린 채 뒤집혀 있으며, 옷과 액세서리 등 소지품은 바닥에 온통 널브러져 있다. 블로거의 소개에 따르면, 일상에서 마주치고 관찰하는 소품들은 그의 작품에서 완전히 재해석된다.

예상 밖의 상황을 연출하는 제프 월의 작업은, 멋진 시각적 구성이나 일상 속 순간의 포착을 노리는 '외로운 사진가'의 이미지와는 거리가 멀다. 그의 작품은 사진이 프레임 안에 피사체를 담는 더하기의 작업이 아니라, 프레임 밖으로 사물과 풍경을 빼는 게 중요한 배제와 선택의 예술이라는 상식에 충격을 가한다. 예술의 '현대성'과 '충격'이 하나의 의미를 가진 이형태의 동의어로 인식됨이 그래서다.

한편, 피천득은 그의 수필에서 꽃잎 한 장의 '파격'을 이야기한다. "덕수궁 박물관에 청자연적이 하나 있었다. 내가 본 그 연적은 연꽃 모양으로 된 것으로, 똑같이 생긴 꽃잎들이 정연히 달려 있었는데, 다만 그중에 꽃잎 하나만이 약간 옆으로 꼬부라져 있었다."라는 관람객으로서의 경험을 서술한 끝에, 작가는 한 조각 연꽃잎을 옆으로 꼬부라지게 하기에는 "마음의 여유"가 필요하다고 강조한다. 물론 피천득의 글에서 이 '마음의 여유'는 수필을 가리키나, 파격이 예술의 보편적 성향 중 하나임은 분명하다.

실험적 형태의 예술이 스테레오타입에 도전해 충격을 가하는 과격한 현대성이라면, "균형 속에 있는, 눈에 거슬리지 않는 파격"은 '심미적 쾌감'에 가까운 온건한 현대성이다. 김윤숙의 시는 후자에 속한다. 제주의 삶과 정서를 주조로 한 삶의 구체적 현장성이 사유의 잔잔함과 더불어 형상화되었던 첫 번째 시조집 『가시낭꽃 바다』(2007년, 고요아침)에서부터, 겸허한 삶의 윤리 감각이 뒷받침되는 구도적 자아성찰의 진경을 펼쳐놓은 네 번째 시집 『참빗살나무 근처』(2018, 작가)에 이르기까지, 그의 시는 시적 자아의 내부를 지향하는 여일한 구심력으로 정형적 깊이를 더해가는 완만하고 차분한 이행이었다. 제주도만의 풍물과 각별한 정취, 꽃을 가꾸는 직업인으로서의 경험과 삶의 투영, 기억의 잔양殘陽 등은 김윤숙의 시에 풍부한 서정성을 부여해 왔다. 제주의 "역사를 전면에 배치하지 않고 개인의 일이나 삶의 문제로 에둘러가는 방식"은 김윤숙의 시가 도달하고자 하는 최종적 목적지가 의미와 형식의 미학적 조화에 있음을 방증한다. 그런 맥락에서 『저 파랑을 너에게 줄 것이다』는 '옆으로 꼬부라진 한 조각 연꽃잎'이 결정적으로 도드라진다는 점에서 이전의 형식과는 구분된다. 시집의 서시 「발견」은 이를 확인할 수 있는 작품이다.

내 안의 빈 틈새 다시 그린 밑그림

첫새벽 잎새 하나 칠하고 덧칠했다

바다가 삐져나오나 눈곱이 자꾸 낀다
—「발견」전문

「발견」은 시작詩作에 관한 쓰기라고 할 수 있다. 초장이 시의 초고를 지시한다면, 중장은 첫새벽이라는 시간적 배경 속에서 써놓은 원고를 고치고 다듬는 시인의 열정을 보여준다. '밑그림'이라는 단어가 환기하는 이미지로 인해 작품은 '시 쓰기'라는 대상을 화폭에 그림을 그리는 화가의 시점에서 감각적으로 형상화한 느낌이다. 초장과 중장이 밑그림을 그린 후 칠하고 또 덧칠하는 시작의 과정을 명시한다면, 종장은 시인이 화폭 위에 펼쳐진 작품을 머릿속에서 재생하고 있음을 알려준다. "바다가 삐져나오나 눈곱이 자꾸 낀다"란 시인의 마음에 떠오르는 그 어떤 장면이며, 그의 의식 속에 자리 잡은 영상을 재구성한 이미지다. 이는 서경화된 심상이라는 점에서 일반의 서경적 구조와는 차이를 갖는다.

그런데 종장에 사용된 "눈곱"은 시인의 내면에 떠오른 정황을 객관적으로 묘사하려는 의도로 보기 힘든 단어다. '눈곱'은 눈에 쌓인 이물질과 먼지가 안구 옆의 오목한 부분에 쌓인 것으로, 인체의 분비물 대부분이 그러하듯 불쾌한 느낌을 동반한다. '눈곱'은 아주 작은 것이나 적은 것을 비유적으로 이르는 말이기도 하다. 시의 제목에 비추어 시의 자그마한 흠결을 발견했다는 의미로 받아들여야 하는 걸까? 혹은 앞서 말했다시피 '눈곱'이 시인의 생리적 현상이라고 할 때, 눈곱도 떼지 않고 첫새벽부터 시를 다듬고 있는 모습을 연상해야 하는 걸까? 결과적으로 '눈곱'이라는 이질적인 시어로 말미암아 종장의 의미는 지극히 불투명해진다. '눈곱'이라는 혐오스러운 단어의 사용은, "나의 부정함은 타자의 정숙함을 유린하는 것"이라는 라캉의 이론을 변용하자면 '시적 정숙함을 유린하는' 부정함이다.

'눈곱'은 시적 단아함을 해치는 미적 결핍이자 동시에 형식적 잉여다. 정연한 연꽃잎 속 한 잎의 꼬부라짐이다. 이처럼 의도적으로 시의 부정함을 노리는 시어의 운용이 의미에 균열을 일으키는 파격을 불러온다면,「그럼에도 불구하고」는 형식적 파격을 보여준다.

>입항도 항해도 꼼짝없이 갇혀서
>
>쇄빙선 따른다는 동토의 당신 바다
>
>언 마음
>
>여기도 북극
>
>나를 질러오시라
>
>봄!
>
>―「그럼에도 불구하고」 전문

시의 종장은 한눈에 보기에도 글자 수(3/5/4/3)의 정형에서 훌쩍 벗어난다. 종장 마지막 2음보의 행갈이를 어떻게 하더라도 음수율의 파격은 불가피하다. 굳이 '나를 질러/오시라 봄'으로 읽어 3/5/4/4로 음수율을 맞출 수도 있겠으나, 띄어쓰기를 무시하면서까지 그렇게 읽을 수 있는지가 의문이다. 시조 경력이 오랜 시인이 낭송에 있어서 4음보가 균형이 잡히되 흐름을 이루어야 한다는 걸 몰랐을 리도 만무하다. 때문에 종장을 중요시하는 시조의 성격상, 마지막 음보가 1음절로 끝난다는 건 파격이다. 시인이 시조의 자유시화를 염려하는 목소리를 염두에 두지 않았을 리 없다. 시의 제목인 '그럼에도 불구하고'가 이에 대한 시인의 변辯이 아닐까, 중의적으로 읽힘이 그래서이다. 시인은 마지막 음보를 1행 1음절로 처리함으로써 봄이 "나를 질러오시"기를 강렬하게 희구한다. 시에서의 명사형 종결은 여운을 갖거니와, 시의 내용이 극도로 축약된 1음절의 명사형은 '봄'이 오기를 기다리는 화자의 바람을 탄력적으로 가시화한다.

2.

『저 파랑을 너에게 줄 것이다』에서 시적 성찰은 타자와 '나'에 대한 깨달음으로 이루어진다. 주목할 건 타자라는 이 현시적 대상을 통해 '나'의 존재에의 접근이 이루어진다는 점이다. 예컨대 타자의 삶은 '강직한 삶'이나 '정직한 삶'으로 수렴된다. 추사 김정희를 대상으로 한 「당신이 걸어온 길」은 추사의 삶이 "직립의 날들"이었다고 노래한다. "산 절벽 쓸쓸함에 길은 높고 허공 깊다//청무밭 짙푸름이 때로는 성난 바다//섬에서 섬의 서편으로 자꾸만 떠밀린다//금잔옥대 스민 묵향 자욱이 번지는//직립의 날들 앞에 오롯이 지샌 밤은//탱자 울 배긴 등허리 차마 삭혀 들었을까//등고선 멀리 돌아 다시 와 만나는//바윗돌에 새긴 품성 편히 쉬어가시라//유배지 세한歲寒의 날들, 발걸음이 온유하다"라고 그려지는 추사의 삶이 '쓸쓸하고 높은 길'로 상징된다면, 정직한 삶을 선택한 또 다른 타자는 대나무로 형상화된다. "정직만이 삶의 방식 그리 쉽지 않았으리//한 소절 마디마디 결구를 다지며//텅 빈 속 채우려 했던 엇나가는 곁가지//수런수런 댓잎 소리 바람의 말 흘리나//반짝이는 그림자 둘 곳 없는 남루에//한뎃잠 깊이 내리니 뿌리마저 허공이네"(「삶의 한 방식」)라며 자연 사물에 인격을 부여한 시는, 대나무가 가진 특성에 빗대어 '정직'을 삶의 방식으로 선택한 대상을 예찬한다.

추사가 "탱자 울 배긴 등허리"의 기나긴 밤을 오롯이 감내했듯, 대나무로 형상화된 대상은 그 정직함으로 말미암아 남루와 불안정한 삶을 기꺼이 감당한다. 그리고 '나'에 관한 존재적 통찰은 이러한 타자들 가운데 하나인 '너'를 이해함으로써 이루어진다.

돗바늘 탱자 가시 한순간 찔린 손등

혹독히 파고들어 농이 차 뭉크러져도

그 누가 알아차릴까 이해했던 단 하나

덧난 가지 싹둑 자른 냉정한 오후도

가시는 눈물 같고 어쩌면 온순해져

서로가 맞닿은 자리 비켜 앉던 그 잠시

새순마저 초록으로 땡볕 여름 건디며

저를 눌러 넓힌 자리 그늘이 되는데

난 그서 시나져온 날, 불쑥 솟는 가시였네
—「너의 이해」 전문

 '돗바늘'은 매우 크고 굵은 바늘로, 돗자리, 구두, 가죽 따위의 단단한 것이나 이불처럼 두꺼운 것을 꿰매는 데 쓴다. 아마도 '돗바늘 탱자 가시'라는 건 탱자 가시가 굵은 바늘처럼 손등을 찔렀다는 말인 것 같다. 화자는 가시에 찔린 상처가 덧나 농이 차서 한동안 고생을 했나 보다. 자연 사물에 빗대어 인간을 얘기한다고 치면 이는 사람과 사람 사이의 심각한 갈등이다. 하지만 화자는 고통은 오로지 자기의 몫이라고 여겨 자기의 고통을 아무도 알아주지 않으리라 단정한다. 마음이 차가워진 화자는 가지에서 가시가 있는 부분을 잘라내고 만다. 상대와의 화해를 도모하지 않고 이해의 여지를 차단하는 냉정함이다.

그렇게 얼마간의 시간이 지났다. 화자가 그 가지를 다시 보니 가시가 있던 자리는 초록의 새순이 자라 올라 이제는 넓은 그늘을 이루고 있다. "서로가 맞닿은 자리 비켜 앉던 그 잠시", 다시 말해 서로의 갈등이 있었던 이후에 가시는 눈물로 온유함을 배웠고, 한여름의 땡볕을 견뎌낸 끝에 마침내 세상에 시원한 그늘을 내어줄 수 있는 잎으로 "저를 눌러 넓힌" 것이다. 따라서 "난 그저 지나쳐온 날, 불쑥 솟는 가시였네"라는 화자의 독백은 잎으로 존재 전환을 이룬 가시와의 비교를 통해 갈등과 고통을 이해와 사랑으로 승화시키지 못한 자신을 반성하는 모습이다. 이처럼 김윤숙의 시에 등장하는 인물이나 사물들은 승화된 삶으로서의 윤리를 탐구하기 위한 매개물로서 기능한다.

그 누가 먼저 거두는 가을볕 수확인가

남천나무 붉은 잎새 거미줄에 걸려든

흰나비 차마 꽃인 줄, 오롯이 박제된 사랑
—「용서」전문

　남천나무 붉은 잎새에 쳐놓은 거미줄을 꽃인 줄 알았던 나비는 사랑에 눈이 멀어 죽을 자리에 뛰어든 어리석은 존재다. 그런즉 '용서'는 자신의 사랑을 스스로 지켜내려는 나비의 강렬한 의지와 열정이 투영된 제목이다. 시인은 거미줄에 걸려든 나비를 진지하게 들여다봄으로써 어리석음이 아닌 열정적 사랑, 먹고 먹히는 먹이사슬의 연쇄가 아닌 희생과 용서를 읽어낸다. 그러나 그것은 시적 대상들에 내재한 용서와 사랑이라기보다, 언제나 시인의 마음속에서 벌어지는 용서와 사랑이었으리라. 해서 시인은 얼어붙은 '겨울 두물머리'에서 "물이 물을 만나 이별을 지워나가듯" 그렇게 살아가리라 "귓바퀴 쩌 링쩌링한 결심을 다시 쓴다"(「겨울 두물머리」)라고 뜨겁게 고백하는 것이다.

3.
　이번 시집에서 서술어라는 시적 질료는 시인의 세계관을 엿볼 수 있는 계기를 마련한다. 시인이 응시하는 대상들의 삶은 대다수 격렬하거나 고통스러운 감각을 동반한다. "부르짖었던"(「아마릴리스—프리다 칼로」), "내리꽂던"(「사막의 별」), "미끄러지는", "모호해진"(「자기 앞의 생」), "떠밀린다"(「당신이 걸어온 길」), "엇나가는"(「삶의 한 방식」), "뭉크러져도"(「너의 이해」) 등 시집 1부에 등장하는 서술어 몇몇만 모아보더라도 존재를 자각하는 시인의 체험과 상상력이 머무는 지점이 어디인지를 쉽게 짐작할 수 있다. 「고비에서」는 저러한 고통의 예민한 감각이 절망이 아니라 존재의 전환으로 이어짐을 보여주는 절창이다.

    광활한 대지는 어딜 가도 제자리 같아

    망망대해 떠밀리며 나 홀로 표류 중이다

    간신히 무릎 세우면 이내 다시 패대기치는

    섬과 섬이 짐승이 허공으로 흘러가고

    짓이겨진 말발굽 자국마저 감쪽같아

    텅 빈 몸 바람을 품어 헛배가 불러왔다

노래를 들을 수 없는 건 후생의 기약일까

그림자 따라나선 길 모래사막 뿌리내릴

손발톱 뭉개지도록 후벼 팔 나의 시詩여!
—「고비에서」 전문

고비사막은 몽골고원 내부에 펼쳐진 거대한 사막이다. 동서 길이가 1,600km에 이르는 이곳에 서면, 정조 4년(1780) 건륭제의 70세 생일을 축하하는 사절을 따라 청나라를 향하던 박지원이 비좁은 조선 땅에서 벗어나 광활한 벌판을 마주한 감동을 「호곡장기好哭場記」, 즉 '통곡할 만한 자리'라고 기록한 이유를 알 만하다. 이날의 감격을 연암은 "안광이 어질어질하더니 홀연히 검고 동그란 물체가 오르락내리락한다. 이제야 깨달았다. 사람이란 본래 의지하고 붙일 곳 없이 단지 하늘을 이고 땅을 밟고 이리저리 나다니는 존재라는 것을."이라고 기록했거니와, 시인은 "광활한 대지는 어딜 가도 제자리 같아/망망대해 떠밀리며 나 홀로 표류 중이다"라고 탄식한다. 두 사람 다 거칠 것 하나 없이 아득하게 펼쳐진 자연의 위대함 앞에서, 인간이란 본래 하늘과 땅 사이에 홀로 선 존재임을 벼락처럼 깨우친 것이다.

이 부분에서 김윤숙 시의 주체는 '떠밀리는 나 홀로의 표류'

가 향방을 모르는 표류로 끝나지 않고 절망을 넘어서려는 모종의 '저항'임을 드러낸다. 다음 장의 "간신히 무릎 세우면 이내 다시 패대기치는" 시적 정황은 평범한 존재의 무수히 거듭하는 실패와 저항에 대한 응시다. 뒤를 잇는 상황들 역시 그 드러내는 말의 폭과 깊이만으로는 쉬 가늠할 수 없는 삶의 복잡성을 장마다 새겨놓고 있다. "텅 빈 몸 바람을 품어 헛배가 불러왔다"라거나, "노래를 들을 수 없"어서 고작 "후생의 기약"을 떠올리거나 "그림자 따라나선 길"이라는 표현은 허망한 존재의 허망함에서 비롯하는 허망한 실패를 다양하고도 입체적으로 노래한다. 시에 따르면 우리는 모두 허망함으로 배를 불린 채 제 그림자를 좇는 결핍의 유랑민이다.

평범한 존재의 비범한 존재적 전환은 아이러니하게도 헛되이 거듭되는 실패의 순간에 찾아온다. "손발톱 뭉개지도록 후벼 팔 나의 시詩여!"라는 시의 마지막은, '나'를 주저앉히는 삶의 무게에 저항하면서 자유에 이르기를 강렬히 지향했던 저 김수영의 '온몸의 시학'과 궤를 같이하는 대목이다. 각양각색 삶의 부정성이 온몸으로 시에 기투하는 자세로의 치환을 이끌어 내는 것이다. 머리나 심장의 시작에 머무르지 않고 온몸으로 동시에 밀고 나가는 김윤숙의 시학이 "유목의 저 파랑"에 비유되는 「별똥별 하나」를 읽어보자.

    어둠이 저를 낮춰

남은 숨 몰아쉴 때

신성의 입구부터
빛나던 낙타가시풀

우리는 외길 위에서 어디에 있었던 걸까

유목의 저 파랑을 너에게 줄 것이다

답신 같은
전언 같은
그 음성 들었는지

순식간 감전된 하늘
귀울음 저릿하다

—「별똥별 하나」 전문

  파랑은 풍랑이나 너울 등 바다 표면부에서 일어나는 물결을 통칭하는 말이다. 그런데 바다가 아니라 유목의 공간에서 일어나는 '파랑'이란 대체 무엇일까? 서둘러 이야기하자면 "유목의 저 파랑"은 시인으로서의 경험과 자각을 감각적으로 드러내는 표현이다.

"어둠이 저를 낮"췄다는 대목은 시간적 배경을, '낙타가시풀'이라는 자연 사물은 화자가 서 있는 공간적 배경이 사막 한가운데임을 암시한다. 일명 소소초인 이 낙타가시풀은 사막에서 자라는 선인장으로, 낙타가 피를 쏟으면서 먹어 번식시킨다고 한다. 시인이 낙타와 자신을 "우리"라고 호명하지 않더라도, 고통스럽게 가시풀을 씹어 삼키며 사막을 걸어가는 낙타의 행보는 "시인이란 슬픈 천명"(윤동주)을 타고난 시인과 운명을 공유한다. 가시풀을 씹어 삼키는 낙타와 창작의 고통을 기꺼이 감당하는 화자는 천형의 '외길'을 간다는 공통점을 갖는 것이다.

화자는 사막에서 "유목의 저 파랑을 너에게 줄 것이다"라는 "답신"과도 같고 "전언"과도 같은 "음성"을 들었노라 고백한다. 여기서 우리는 유목의 삶이란 자본이 강제하는 매끄러운 표면을 이동하는 이주민의 삶과는 달리, 자본에 포획되지 않은 새로운 삶의 방식이라는 점을 상기할 필요가 있다. 그러므로 "신성의 입구"를 통과한 "외길"은 자본주의나 실용주의의 세례를 벗어나 자본과 교환되지 않는 비실용적인 시를 창작하는 고집스러움으로 이어진다. 시와 시인이 원관념이라면 낙타가시풀과 낙타는 보조관념이다. 이 비유를 관통하는 감정의 떨림이 '파랑'으로 몰려와, 시인은 그것에 대한 감각이 "귀울음" 같았다고 이야기한다. 잔잔한 울림을, 때로는 격렬한 심정의 파고를 동반하는 '파랑'이야말로 시가 열어 보이는 비밀

이겠다. 그리고 "귀울음"이란 그로 인한 화자의 무아지경과도 같은 서정적 충격을 일컬음이다.

4.

『저 파랑을 너에게 줄 것이다』는 시인의 시가 지금까지 그래왔듯 풍경을 응시하고, 그 풍경 속의 사물들을 불러 모아 시의 내적 세계를 열고 있다. 시적 대상은 인간과 자연과 이 모두를 초월하는 존재나 사상 등으로 간단히 분류할 수 있다. 김윤숙의 시는 주로 첫 번째나 세 번째 항에 주력해 왔다. 특히 제주의 지층 속에 속속들이 들어찬 4·3과 같은 역사를 들여다봄으로써 인간의 조건, 사회적 악, 현실의 부조리를 고발하고 비판하는 역할을 놓치지 않았다. "제주인이라면 가질 수밖에 없는 죄의식"을 배면으로 한 채 "죽음의 상처를 치유하며 피어오르는 생명력"(이지엽)을 노래한 『장미 연못』은 "경계를 뚫어 살갗이 짓무르고 하나 되는 일"(「비자림 연리못」, 『장미 연못』)이다. 이는 또한 시인의 내면에 형성된 사회 질서와 의미의 연관성이 재편성되고 재해석된 결과물이다. 또한 "제주의 생태나 역사에 대한 관심을 자신의 시각으로 형상화하는 노력"(정수자)을 기울이거나, 태곳적 원시 질서가 아직도 생생히 살아 있는 제주의 풍광을 "제주 사람들의 생명과 문화의 삶"(「한 끼 밥 뜸을 들이다」, 『참빗살나무 근처』)으로 읽어냄은

매 순간 새로운 모습으로 세상을 변주하는 서정적 그물망의 실현 및 그 과정을 생생히 확인할 수 있는 대목이다. 『저 파랑을 너에게 줄 것이다』에서도 여행이나 풍경을 중심으로 한 시를 제외한 시를 꼽아보기가 힘이 들 만큼 풍경을 시의 바탕으로 삼고 있는 현상은 여전하다. 이번 시집에서 풍경은 고비사막과 제주로 양분화되는 경향을 보이는데, 시의 편수로만 따진다면 제주가 월등히 많다. 물론 통영(「통영의 비」)이나 우포늪(「우포늪」), 화성(「화성, 어디쯤 이르러」)과 경주의 삼릉숲(「삼릉숲」) 등이 간간이 끼어들지 않는 바는 아니나, 그렇더라도 고비사막과 제주의 풍경을 대상으로 한 시가 압도적이다.

    온몸이 다트 되어 내리꽂던 별빛들

    허르헉에 체한 듯 아직도 삭지 않아

    위벽을 타고 오른다 쓴물 같은 풀 냄새
                      —「사막의 별」 전문

온몸이 다트가 되어 고비의 별빛을 화살처럼 받아내던 화자는, 마침내 전신이 풀 냄새로 포획된다. 이처럼 김윤숙의 시는 풍경 속에 살아 움직이는 말들을 섬세한 감각으로 치환해서 그것을 시집 곳곳에 배치한다. 시인의 시집은 발길 닿은 곳을 생생하게 보여주는 '풍경첩'이라고 해도 과언이 아니다. 그렇더라도 그의 시는 여행과 풍경을 통해 일상의 바깥을 응시하려는 일탈적 욕구와는 거리가 멀다.

뱃멀미 추자도는

가을 깊어 취한 듯

머리부터 발끝까지 달라붙는 액젓 냄새

품에 밴 어머니 체취, 걸러 담은 염분 같아

순순히 은빛 생애

온전한 독립은 없어

물맛도 밥맛도 한 모금 믹스커피도

한데 다 스며들라는 말씀

여기에 와 다시 듣네

―「추정」 전문

추자도는 제주 북부 해상에 있는 섬이다. 예로부터 멸치잡이가 유명해서, "머리부터 발끝까지 달라붙는 액젓 냄새"는 제주산 멸치로 만든 액젓이 이곳의 특산품임을 상기시킨다. 그런데 이 강렬한 후각적 심상은 "품에 밴 어머니 체취"와 "걸러 담은 염분"과 "은빛 생애"가 "한데 다 스며"든 냄새다. "물맛도 밥맛도 한 모금 믹스커피도/한데 다 스며들"듯, 어머니의 고된 삶과 짜디짠 천일염과 은빛 멸치의 생이 한데 뒤엉켜 발효된 쿰쿰하고 짭짤한 액젓과도 같은 현실을 받아들이라고, 아니 그 비루한 현실 안으로 적극적으로 스며들어야 함을 김윤숙의 시는 강조한다.

    텅 비어 흐르는 몸

    어디쯤에 임하시나

    그윽이 바라보는 무한 우주 티끌 하나

    입가에 맴도는 미소

    사람이라, 사랑이라

                                —「반가사유상」 전문

풍경을 경험한 데서 발원하는 김윤숙 시학은, 그러나 풍경에 자신의 정서를 투사하는 주관적 실감보다는 사회 현실과 삶에 대한 인식에 따라 발화하는 측면을 견지하고 있다. 대개의 여행시가 일탈 자체에 중점을 두는 것과 달리, 김윤숙의 시선은 풍경 속에 녹아 있는 삶의 보편성을 주목하는 것이다. 그런즉 앞서 시인의 시가 첫 번째나 세 번째 항에 주력해 왔다는 말은 다음과 같이 정정할 필요가 있다. 그녀의 시는 인간의 저편에 놓여 있는 것 같으나 실상 인간 속에 들어와 있는 자연을 탐구하기 위해 노력해 왔다. 김윤숙의 시는 자연을 탐구함으로써 인간을 발견하고 이해하기 위해 노력해 왔다고 말이다.

가히 시인선 005

저 파랑을 너에게 줄 것이다
ⓒ 김윤숙

초판 1쇄 인쇄	2024년 7월 5일
초판 1쇄 발행	2024년 7월 12일
지은이	김윤숙
펴낸이	김석봉
디자인	헤이존
펴낸곳	문학의전당
출판등록	제448-251002012000043호
주소	충북 단양군 적성면 도곡파랑로 178
전화	043-421-1977
전자우편	sbpoem@naver.com

ISBN 979-11-5896-653-9 03810

*이 책의 판권은 지은이와 문학의전당에 있습니다.
*양측의 서면 동의 없는 무단 전재 및 복제를 금합니다.
*잘못 만들어진 책은 바꿔드립니다.
*이 시집은 서울특별시, 서울문화재단 '2024년 창작집 발간지원사업'의
  지원을 받아 제작되었습니다.